DESCUBRE TÚ IDENTIDAD EMPRESARIAL

7 simples pasos de cómo iniciarte en la empresa ideal basado en tus experiencias únicas

María Erazo-Luna

Descubrir Tú Identidad Empresarial

ISBN: 978-0-9904933-1-0
Autora: María G. Erazo-Luna
Diseño de portada: Bestcreators, CoverCreators y
Milton Del Cid
Compaginación: Starryvision company & Robert Daudish

Primera edición en Español

Por oportunidades contáctanos del correo electrónico:
www.creatumarcaempresarial.com

Índice

Dedicación

¡Dedico este libro a los nuevos líderes expertos innovadores que están en busca de su identidad empresarial!

Tu tiempo es limitado, de modo que no lo malgastes viviendo la vida de alguien distinto. No quedes atrapado en el dogma, que es vivir como otros piensan que deberías vivir. No dejes que los ruidos de las opiniones de los demás acallen tu propia voz interior. Y, lo que es más importante, ten el coraje para hacer lo que te dicen tu corazón y tu intuición.

~Steve Jobs

Introducción

Desnudando la realidad del Emprendedor

Este libro está construido en tres ideas principales:

1. Comprenderás cómo descubrir y desarrollar tu marca empresarial y posicionarte como líder experto.

2. Estás aquí para triunfar, para ayudar y hacer un impacto en el mundo utilizando tus experiencias y conocimientos únicos, esto lo puedes lograr siguiendo un mapa creador de programas.

3. Aprenderás 7 simples pasos para diseñar un mapa estratégico con tus experiencias y conocimientos para que puedas ayudar a otros a obtener éxito, y construyas un negocio lucrativo haciendo lo que te apasiona.

Si estas ideas te suenan fascinantes, especialmente la idea de generar ingresos haciendo lo que te apasiona, no dejes de leer ya que en este libro aprenderás el concepto que al que llamar "líderes expertos".

La industria de los líderes expertos está compuesta por aquellos que poseen conocimientos idóneos y experiencias únicas que pueden utilizar para crear un negocio y recibir recompensa económica por ello.

Ellos componen la industria de especialistas, conferencistas, autores, entrenadores, consultores y vendedores. Estas son las personas que ves en televisión, radio y otros medios de comunicación compartiendo su conocimiento sobre cómo mejorar el matrimonio, sobre el manejo de finanzas, obtener mejor salud, etcétera. Son personas comunes que simplemente definieron su identidad empresarial y han seleccionado meticulosamente sus experiencias y conocimientos únicos para enseñar a otros a obtener éxito y mejorar alguna área de sus vidas. Estos expertos nos inspiran, enseñan y educan a través de libros, programas radiales, seminarios, talleres, coaching, podcasts y otros sistemas.

Aun si tú no te consideras un líder experto, podrás desarrollarte y posicionarte como uno de ellos.

No hay mejor momento de la historia para que hagas lo que te apasiona y compartas tus dones con el mundo que el que estamos viviendo ahora. Durante los últimos 100 años en la era industrial, el espíritu humano, la voz y las pasiones han sido suprimidos. Ahora es tu oportunidad de jugar un papel mayor, servir a un propósito más alto y generar ingresos compartiendo tu mensaje.

Definamos un poco más a profundidad lo que es un líder emprendedor: es aquella persona que sin contar con mayores recursos, o 'de la nada', tan solo con una idea, logra crear o fundar una empresa y ayudar a otros a realizar sus metas.

El líder experto obtiene la capacidad de compromiso para consigo mismo, y para su equipo. El líder experto necesita saber distinguir, sacar ventaja y explotar sus potenciales sirviéndoles a otros. Debe saber utilizar las herramientas adecuadas en los tiempos correctos. Es importante para aprender a liderar y adaptarse a un equipo o a la sociedad que lo rodea. También para saber comunicar de manera entendible sus ideales y convencer a los demás. Además, necesita ser diligente y convertir sus conocimientos y habilidades en una pasión y mejorarlas constantemente.

Mi padre fue emprendedor desde los 13 años de edad. El dice que el As bajo la manga de los líderes expertos es el sentido para hacer dinero, son las ideas que generar ingresos, y la habilidad de agregar valor a otros. El aprendió a ganarse la vida por sí mismo a base de sufrimiento, durmiendo bajo la lluvia, o en los sitios en los que trabajaba. Desde pequeño trabajó en el rancho donde nació cultivando el campo, plantando maíz con su abuelo, o en trabajos de construcción. Estas habilidades le han servido durante toda su vida para generar ingresos.

Mi padre me enseño que desde pequeño nos hacemos o formamos a nosotros mismos. El que quiere ser emprendedor y líder experto puede lograrlo, y el que no quiere nunca lo hará. Que quieres en esta vida que no puedas alcanzar? esta es una pregunta que mi padre me hacía a menudo. Todo lo que quieres, lo tienes; ya sea bueno o malo, pero lo tienes.

Las personas que intentan y no pueden obtener lo que quieren, no lo obtienen porque en verdad no lo intentaron. Intentar es trabajar. El que toma acción en lo que quiere, tiene garantizado un resultado, ya sea en lecciones aprendidas o resultados monetarios.

La gran mayoría de personas está esperando el tiempo correcto para desarrollar sus pasiones. Para vivir la vida en sus propios términos. Para tomar control de sus resultados. A través de los años he aprendido que la vida transcurre como el sol. El sol sale por la mañana y comienza su transcurso, camina y camina sin que nadie lo pueda detener, después del mediodía, el sol comienza a bajar, cuando llega la noche y oscurece, esto es lo que llamamos noche. En la vida esto es a lo que llamamos muerte. Lo que hayamos hecho durante el día, o con nuestra vida, depende de cómo aprovechamos cada minuto. Si los resultados fueron positivos o no, ya no hay nada que podamos hacer para regresar ese día, o la vida.

La triste realidad es que la gran mayoría de personas llegan al final de su vida sin haber cumplido con su propósito. Pasaron por esta vida jugando a los seguro, sin correr mayores riesgos. Una gran mayoría obtienen un empleo básico y se conforman con tal; lastimosamente se estancan y no siguen expandiendo sus expectativas, dejan de soñar.

Probablemente piensas que generar ingresos haciendo lo que te apasiona no es algo que esté a tu disposición. Tal vez estés realizando un trabajo no satisfactorio que te suple un ingreso para vivir cómodamente pero vives una vida sin pasión y sin propósito. Entiendo lo que es vivir de esta manera ya que a los 21 contaba con una educación limitada de noveno grado, un empleo mediocre en factorías, siendo madre soltera y con un bebé en mis brazos, sin un apoyo financiero, emocional y espiritual.

Mi vida carecía de dirección y esperanza. Encontrar mi propósito de vida, y generar ingresos haciendo lo que me apasiona eran sueños inalcanzables.

No te desanimes, sigue leyendo, en este libro te compartiré los pasos que me ayudaron a encontrar mi propósito de vida, marca empresarial y así convertirme en una líder experta. Si quieres viajar, salir de un empleo insatisfactorio, ofrecer a tu familia una mejor calidad de vida, tener tiempo para compartir momentos mágicos con tus seres amados, servir a otros utilizando tus experiencias únicas y generar ingresos mientras lo haces, entonces este libro te dará estrategias para lograrlo.

El punto de partida es *"saber lo que quieres"* e investigar las oportunidades a tu alrededor, asociarse con personas claves, y crear un plan estratégico de cómo convertir tus sueños en una realidad.

El objetivo en este libro es que a través de mi historia puedas identificar las maneras en las que puedes escribir tu propia historia y encontrar tu propósito y hagas lo que te apasiona. Podrás ver como todas las experiencias de tu vida te han estado preparado y modelado para que una vez encuentres tu propósito de vida puedas llevarlo a cabo.

Con los avances de la tecnología tú puedes alcanzar a millones de personas alrededor del mundo con tu mensaje y crear un negocio lucrativo. Esto lo he comprobado en mi propia vida.

Nota personal: ¿Puedes imaginar el temor que es sembrado en la mente de un niño (a) al despertar a una realidad, que más bien es una pesadilla, de la cual no despertará después de escuchar de la boca de su madre decir que su padre los ha abandonado?

Puedes imaginar la incertidumbre que se vive al saber que la única persona que sustentaba a tu familia ya no lo hará más?

¿Puedes sentir la tristeza que se experimenta al sentir que no eres suficiente como para haber conmovido el corazón de un padre o madre quien ha decidido abandonarte sin dar una explicación?

¿Has experimentado como todos tus sueños se desmoronan frente a ti? ¿Puedes imaginarte a una adolescente llegar a el gran país de las oportunidades, no habla el idioma Inglés, no puede asistir a la escuela, y tiene que trabajar en cualquier empleo que esté disponible ya que necesita apoyar financieramente a su familia? ¿Has pasado por la experiencia de la extrema pobreza financiera y emocional? Y la verdad es que: yo sí.

Los peores dos días de mi vida han sido: el momento en el que mi madre me comunicó que mi padre había desaparecido sin dejar rastro. Todo indicaba que él había decidido abandonarnos. Y el segundo sucedió en el momento que estuve a punto de perder la vida en el desierto por ir tras el sueño americano. En ese momento tomé la decisión de nunca más jugar a lo seguro, de tomar todos los riesgos ya que al final de cuentas, no existen garantías en la vida, solo resultados. Me atreví a dedicar mi vida a servir y amar al máximo, de vivir en el presente y visualizar el futuro. Aprendí a no desperdiciar ni un día de mi vida enterrándome en el pasado. Y me comprometí a crecer y desenvolverme en todas las áreas de mi vida.

Los mejores días de mi vida han sido: el nacimiento de mis tres hijos. Y el día que descubrí y comencé a vivir mi propósito de vida.

Paso 1

Descubriendo Tú Marca Empresarial

"Amplificando la visión"

Vine a EE.UU a los 15 años de edad a reunirme con mi madre quien se encontraba trabajando en este país, y a buscar a mi padre quien estaba desaparecido por más de 5 años.

Mis primeros trabajos fueron en factorías, restaurantes, de niñera y telemarketer. Pues mi mayor grado de educación académica era hasta el noveno grado. Aprendí a hablar el idioma Inglés con la ayuda de un diccionario.

Hace más de 20 años llegue al país que millones de personas viajan para conseguir el sueño americano y desde ahí he pasado los últimos 20 años de mi vida desarrollándome como emprendedora. He tenido la oportunidad de vivir experiencias increíbles. Una parte es porque aprendí a desarrollar y formar mi identidad empresarial.

La otra razón es porque aprendí a dominar la maestría de las ventas desde una corta edad.

Creo que nací para vender, creo que todos nacimos para vender. A la edad de 11 años vendí chicles y tortillas en las calles de Morelia Michoacán México para ayudar económicamente a mi madre. Salíamos a las calles a vender con un grupo de primos y amigos. En nuestro grupo yo siempre era la primera que terminaba de vender mis productos. Estoy segura que cuando yo llegaba al lugar donde vendía chicles y tortillas, los demás vendedores se aterrorizaban. Para mí no eran competencia.

Siempre he creído que tu peor competencia eres tú mismo. Si tú no eres capaz de venderte a ti mismo tus ideas, sueños, o productos, no podrás venderlos a nadie más.

Momento de reflexión: Identifica las experiencias que han marcado tu vida de manera positiva o negativa. Piensa en los momentos que tomaste una decisión que te empujo a crecer, a expandir tus resultados. Piensa en una ocasión que tuviste la oportunidad de tomar acción y no lo hiciste. Qué te detuvo?

"La única visión que no se logra es aquella que no comenzamos, o paramos antes de lograrla"
~María G. Luna

"El mapa de identidad empresarial"

A los 21 años, me convertí en agente de seguros. A los pocos años obtuvo las licencias de representante financiero, agente de bienes y raíces, y agente de seguros de vida y planes médicos.

Hace casi 5 años abrí mi propia empresa de seguros, al utilizar las estrategias que te compartiré en este libro cuadruplique mis ingresos en tan solo un año de haberla abierto.

He viajado por todo el país, he asistido con todos los gastos pagados a ceremonias de gala en los mejores resorts y hoteles. He recibido reconocimientos por altas ventas que mi equipo y yo hemos realizado. Durante el primer año de haber abierto mi empresa, fui nominada como agente #1 en todo el país durante una competencia de ventas a nivel nacional en la cual supere a más de 15,000 agentes en toda la nación con un porcentaje de diferencia de más de 640% de crecimiento. Pero no nací siendo empresaria. Esta parte fue difícil de aprender. Es por eso que comprendo lo difícil que es para los emprendedores tomar la decisión de iniciar sus proyectos empresariales.

No es por falta de talento, sino por los retos que se presentan en el camino. De aquí nace mi pasión por ayudar a los emprendedores a desarrollar una identidad empresarial, y ayudarles a convertirse en líderes expertos. Creo con firmeza que en nuestras experiencias únicas, en nuestra historia, encontramos la marca empresarial.

Durante mi carrera como empresaria, autora y entrenadora de marca empresarial, he aprendido que los líderes expertos tenemos una responsabilidad mayor que tan solo escribir un libro, dar un seminario, abrir un negocio, etc. La responsabilidad mayor es, como con nuestra historia y experiencias únicas podemos realizar una diferencia e impacto positivo en los demás.

Para todos los emprendedores y empresarios, ustedes están en el negocio de compartir su historia con el mundo. Todos tenemos una historia que contar, y una identidad que formar.

En los siguientes capítulos, quiero compartir el contexto de cómo sacar de tu historia las experiencias únicas para que descubras tu identidad empresarial. Aprenderás como utilizar y posicionar tu marca empresarial para mejorar tu vida, y las vidas de aquellos que están esperando por ti.

La razón por la cual me apasiona hacer esto, es porque cuando desarrolle mi marca empresarial, obtuve una posición de experta en la comunidad y en mi industria. Esto me impulsó a abrir mi negocio, comencé a dar charlas motivacionales, entrenamientos y ayudar a emprendedores a desarrollar su marca empresarial y convertirse en autores.

A medida que mis empresas han ido creciendo, las personas se acercan de todos lados para preguntarme cómo he logrado derribar las barreras y romper los paradigmas de ser una mujer latina que no obtuvo una educación académica, títulos universitarios, ni apoyo económico por parte de sus padres y aun así he logrado posicionarse como una líder experta influyente en nuestra comunidad.

Las personas que han asistido al entrenamiento de marca empresarial que he impartido, han descubierto que su historia de vida contiene su marca empresarial. Y están utilizando esas experiencias para crear sistemas, productos y posicionarse como expertos generando ganancias haciendo lo que les apasiona mientras hacen una diferencia en el mundo como coach de crecimiento personal y autoestima, como conferencistas en el bienestar de la salud espiritualidad y emocional y como coach de liderazgo, autores y consultores empresariales.

Mi mensaje antes de pasar al próximo capítulo es que: si tú tienes pasión por servir, conoces tus talentos, habilidades y experiencias únicas entonces puedes utilizarlas para mejorar las vidas de los demás. ¿Quieres dejar un legado? ¿Quieres encontrar tu propósito y posicionarte como un líder experto para que obtengas libertad financiera haciendo lo que te apasiona? Entonces sigue leyendo.

Momento de acción:

-¿Cuales son los mayores logros profesionales o transformacionales que has logrado hasta ahora?

-¿Qué habilidades has desarrollado?

-¿A cuántos cursos, talleres, clases y actividades de crecimiento has asistido en los últimos 5 años?

-¿Sobre qué temas te apasiona aprender?

-¿En qué ámbito empresarial has tenido más éxito e impacto?

"Todos sabemos algo que podemos enseñar a otros... todos"
~María G. Luna

-La estructura empresarial se encuentra en tu historia

Comienza por verte a ti mismo como una marca empresarial. ¿Cómo quisieras que los demás piensen de ti cuando escuchen tu nombre?

Tu historia, experiencias y talentos únicos, son los que te han convertido en quien eres. Aprende a jugar tu papel en el mercado.

Este libro es una invitación para que me acompañes a descubrir que hay detrás de las cortinas de una historia que va más allá del sueño americano.

A menudo me hacen esta pregunta: ¿me gustaría definir mi propósito de vida, encontrar mi marca empresarial y posicionarse como un líder experto, pero no sé si tengo lo necesario para hacerlo… que me recomiendas hacer?

Una gran mayoría de personas han contemplado alguna vez convertirse en líderes expertos, pero no saben cuáles son los pasos necesarios para hacerlo. Antes que todo, lo primero que necesitas hacer es identificar las experiencias, habilidades, estrategias y herramientas que has adquirido hasta ahora para que puedas crear sistemas, programas y tecnologías que puedes enseñar a otros.

Necesitarás ayudar a tu cliente ideal a identificar cuáles son las metas que quiere lograr. El cliente que quieres servir tiene problemas que necesitan ser resueltos. En tu historia se encuentran condiciones de vida similares que tu cliente está experimentando, y tú podrás brindarles la solución.

Tu cliente está buscando soluciones, claridad y una visión para su futuro. Ellos quieren un plan cristalino de paso por paso que puedan seguir. Ellos están buscando beneficios transformacionales y necesitan herramientas y recursos para obtener sus metas.

Cuando pasamos más tiempo en nuestra cabeza que en nuestro corazón se nos dificulta ver con claridad el valor que tenemos para ofrecer a los demás, y yo soy culpable de esto. Siempre creemos que aún nos falta aprender más y obtener mayores resultados antes de comenzar a compartir a otros lo que ya sabemos. No nos sentimos que somos suficientes.

Otra razón por la cual prolongamos el inicio de nuestra carrera de líderes expertos es por la mentalidad limitante. Si tú has logrado una transformación o resultados, has logrado obtener felicidad, obtenido éxito financiero, espiritual, etc. Puedes compartir las estrategias que usaste como parte de las herramientas para que ayudes a tu cliente ideal.

El temor al fracaso, al éxito, a la crítica, a lo desconocido, a hablar en público, etc. son algunas de otras razones que nos impiden tomar acción. El "porqué" hacemos lo que hacemos es más importante de lo que hacemos.

Momento de acción:

-¿Cuál es tu porqué?

-¿Cuál es tu motivación para levantarte cada mañana?

-¿Porque me inicie como agente de seguros?

Mi "porque" escogí la profesión de agente de seguros es, porque cuando tenía 18 años de edad compré mi primer auto y sufrí un accidente de auto. Ese día había caído una tormenta de nieve, iba manejando muy despacio, al girar hacia el portal de los apartamentos en los que vivía, el conductor que iba detrás de mí no frenó a tiempo y se estrelló en la parte trasera de mi auto. El impacto fue tan fuerte que lanzó mi auto sobre la banqueta. Mi hijo iba en la parte trasera en su silla infantil pero aun así se estremeció y por poco se sale de la silla. El comenzó a llorar y yo me paralice con el susto por el impacto. El chofer del otro vehículo se bajó y vino hacia nosotros para ver si nos encontrábamos bien. Con la ayuda de varias personas empujamos mi auto hasta mi estacionamiento e intercambiamos nuestra información.

Al día siguiente llamé a mi agente de seguros y me dijeron que no tenía cobertura para mi vehículo. Me dieron instrucciones para llamar a la empresa del chofer que golpeó mi auto y reportará el accidente. Lo hice y solo pude recuperar $500 dólares para la compostura de mi auto. Mi agente no me explico mis coberturas, yo no sabía cuáles eran mis derechos, además recibí un trato frío, me hicieron sentir que yo era un número más en su empresa.

No pude trabajar por una semana y no recibí un pago para reemplazar mi ingreso. Con los años aprendí que mi póliza contaba con un beneficio que me hacía merecedora de recibir hasta el 80% de mi salario, pero mi agente no me lo explico cuando reporte el accidente. Hablaba inglés limitado así que no podía comunicarme con mi agente ya que él no hablaba español.

Me di cuenta de la necesidad de agentes de seguro hispanos que había en nuestra comunidad. Encontré otra empresa de seguros que me dio mejor servicio y precio y cambié mi póliza de agencia.

Comencé a recomendar a todos mis amigos, familiares y compañeros de trabajo a esa agencia. Al poco tiempo me ofrecieron una posición de tiempo parcial como telemarketer para hacer llamadas a los clientes latinos y ofrecerles estimados gratis.

Cuando venían los clientes a iniciar sus contratos yo traducía durante la cita ya que era la única empleada que hablaba español en la agencia. A los 6 meses me ofrecieron una posición de tiempo completo y deje atrás los empleos en fábricas y restaurantes. Un par de años después obtuve las licencias del estado y me convertí en agente de seguros.

Mi "porque" fue lo que me llevó a aceptar el empleo en la agencia de seguros. Mi "porque" me motivó a abrir mi propia agencia 8 años después. Mi "porque" es lo que me ayuda a atraer a el equipo de trabajo y clientes adecuados. Mi "porque" es lo que dirige todas nuestras decisiones de administración y mercadeo. Mi "porque" es lo que nos conecta con nuestros clientes y regresan aun después de haberse ido a otra empresa al haber recibido incrementos en sus pólizas de parte de la empresa a la que representamos.

Mi "porque" es lo que me motiva a invertir en la capacitación de mi equipo y mía. Mi "porque" es:

Convertir en amigos a mis clientes, ofrecer educación y comprensión amplia sobre las coberturas de seguros a nuestra comunidad.

Cuando estoy promoviendo mi empresa de seguros, o me preguntan a qué me dedico mi respuesta es: Soy coach de protección adecuada. Ayudo a las familias a construir una pared de protección adecuada alrededor de sus bienes y familia.

La mayoría de agentes de seguros se introducen como tal: agentes de seguros. Al no tener una marca o una identidad empresarial, formas parte de uno más del montón. Aun así seas el mejor agente de seguros de tu empresa no causaras un impacto instantáneo al presentarse como agente de seguros.

Con tu título le estás diciendo a la gente cuál es tu porqué, y porqué deberían hacer negocios contigo.

Este ejemplo que te acabo de compartir es una manera de descubrir tu porque. ¿Puedes ver la importancia para el éxito de tu marca empresarial que tiene contar con un porqué?

Ahora te invito a que tu descubras tu porque. Y comiences a pensar en tu marca empresarial. Juega con los títulos. No te limites, tenemos más de un porqué. Necesitamos un porqué para cada aspecto de nuestra vida. Por ahora, enfócate en contestar las siguientes preguntas para descubrir el "porqué" de querer convertirte en un líder experto. En tu historia se encuentra tu marca empresarial.

Momento de acción:

-¿Cuál es tu "porqué" deseas descubrir y posicionar tu marca empresarial y posicionarte como un líder experto?

-¿Qué conocimientos, conexiones, habilidades y talentos necesitas para desarrollar tu marca empresarial, y posicionarte como líder experto en tu área?

Te reto a que antes de seguir leyendo contestes estas preguntas. El tener un "porque" te mantendrá enfocado y en movimiento aun cuando las cosas se pongan difíciles. El tener una identidad empresarial única te diferenciará entre los demás profesionales de tu industria.

Las personas que no tienen un "porque" se rinden cuando se les presenta el primer reto. Los expertos que no tienes una marca única que los diferencie de los demás tienen más dificultad para conectarse con su cliente ideal.

Paso 2

Mapa Creador de Programas

"Guía para publicar tu historia en un libro digital o impreso"

Era un día sábado, la gerente de la agencia y yo estábamos trabajando a solas ese día. Era un día tranquilo pues no estaban entrando muchas llamadas ni clientes. Ese día había llevado conmigo a mi hijo quien tenía 4 años de edad y él se encontraba jugando con su nintendo en la parte de atrás de la oficina. "María, hay mucho que no se de ti pero admiro tu valentía, actitud positiva, tu perseverancia y la alegría con la que vives la vida. Debiste de haber tenido una niñez muy linda", me dijo la gerente mientras estaba en su oficina revisando los archivos de unas cuentas con ella. Sonreí y cerré los archivos, "Gracias por tus lindas palabras" le conteste.

La manera de enfrentar la vida es una decisión, y he aprendido a vivir cada día con la mejor actitud posible ya que eso es lo único que puedo controlar, le conteste. "Cuéntame tu historia", le pregunté a la gerente. ¿Qué quieres que te cuente, que quieres saber? me dijo. "Quiero saber todo." ¿Todo? "Sí, quiero saber todo."

Y a esto, ella me respondió: "Yo soy hija única, tuve una niñez difícil como la de muchos niños, pero en general crecí teniendo todas las comodidades que un niño puede pedir. Viví en una linda casa, vestí ropa linda, obtuve buena educación, tengo un buen trabajo y un novio que proviene de una buena familia, pero a pesar de todo eso, no me siento completamente satisfecha..." Después de cerrar la oficina nos quedamos platicando por varias horas y le conté mi historia. Ella estaba sorprendida con mi relato. Entre lágrimas y sonrisas pusimos fin a la conversación ya que era hora de ir a casa. Wow, deberías de escribir un libro de tu historia, ella me sugirió. ¿Escribir un libro de mi historia? Eso sonó más bien como una broma. ¿Estás bromeando verdad? Le dije mientras solté una carcajada. No, estoy hablando en serio, tienes una historia increíble, llena de lecciones que pueden ayudar a millones de personas. ¿Mi historia tiene lecciones valiosas? Le contesté sorprendida. No creo que a nadie le importe saber sobre mi vida, todos tenemos historias tristes y lecciones valiosas que contar, y mi historia no es lo suficiente radical como para ser escrita. ¿Estás bromeando? me contestó ella. Tu historia me ha inspirado a dejar de quejarme por mi vida, a dejar de sentir lástima por mí. Ya nunca seré la misma después de haber aprendido lo que tú viviste. Creo que en ocasiones necesitamos escuchar las experiencias de los demás para aprender a ser más agradecidos y valorar lo que tenemos. Tú tienes una historia digna de ser contada al mundo, de ser publicada y leída. Piensa muy en serio lo que te estoy diciendo y hazlo. Con eso me dejó esa tarde y ambas nos fuimos a nuestra casa. ¿Escribir un libro, yo? Eso ni en sueños, me dije a mi misma y no volvimos a tocar el tema.

Durante las próximas semanas participe de una clase de liderazgo impartida por instructores que habían venido a Michigan desde Texas y organizada por la Iglesia a la que asistíamos con mi familia. El día de la última clase, el líder de la clase nos pidió ponernos de pie y levantar nuestras manos hacia el cielo para hacer una oración por nosotros. Cuando se acercó a orar por mi esta fue su oración; María, tú tienes un tesoro en tus manos que necesita ser usado para bendecir y ayudar a millones de personas que te están esperando. No lo desperdicies, necesitas llevarlo a cabo, decídete hacerlo y todos los recursos y personas que necesites se te brindaran.

Todo está listo para que actúes, usa lo que tienes en tus manos, toma acción y confía. Tu mensaje está siendo esperado por la humanidad, se valiente y ve confiada sabiendo que yo, Tu padre celestial, Tu creador estaré siempre contigo.

Las lágrimas rodaron por mis mejillas mientras recibía esa oración. No sabía exactamente a qué proyecto se refería el líder. En esos días estaba en planes de abrir mi agencia de seguros y por un momento creo que a eso era a lo que se refería. Me quedé ahí unos momentos, puse mis manos en el corazón y ore en silencio. ¿Señor, trae claridad a mi mente, dame una respuesta, a qué proyecto te refieres? No, no es la agencia, vino la respuesta a mi corazón. Me refiero a tu historia, lo que tienes en tus manos es tu historia. Úsala para que lleves libertad a la humanidad. ¿Mi historia? Conteste en mis pensamientos. ¿Pero cuál historia? No he logrado grandes hazañas que sean dignas de ser contadas. No he ganado premios, no cuento con certificaciones, diplomas. No me considero que sea alguien importante de quien los demás quieran aprender algo. No tengo una historia intrigante que compartir. Mi mente comenzó a ser bombardeada por todo tipo de razones por las cuales la idea de compartir mi historia no era no era posible.

Seguí ahí en silencio por unos minutos, y cuando estaba punto de abrirlos escuche una voz casi audible que dijo: ¡Tu historia es tu herramienta más poderosa, úsala!

No sé cuál es tu creencia espiritual, y con esto no te estoy sugiriendo que creas lo que digo, únicamente te estoy compartiendo mi experiencia. Mi sugerencia para ti es que si tú no valoras las experiencias que has vivido y las usas para ayudar a los demás, nadie más lo hará.

La semana siguiente comencé a escribir mi historia sin saber cómo la iba a publicar. Cuando comencé a platicar con mis mentores sobre lo que estaba haciendo recibí todo tipo de guía e ideas. Uno de mis mentores quien trabaja en una casa publicadora me dio información de algunos contactos que podrían ser de ayuda y así comenzó el proceso de la publicación de mi primer libro. Uno de mis conocidos me conectó con la persona que editó el libro y término siendo co-autora. Me entreviste con varias publicadoras hasta que encontré a una que se especializa en nuevos autores. Un año y medio después mi libro fue publicado. Invertí más de $13,000 dólares en la producción y traducción de español a Ingles. La inversión mayor fueron las horas sin dormir, las miles de lágrimas que derrame, los retos que supere y las lecciones que aprendí en el proceso.

Llegó la caja de los primeros libros a mi oficina, la experiencia fue similar al día que nacieron mis hijos. Rodeada de mi familia y mis amigas sacamos el primer libro y lo abrace. Llore de alegría y mi alma se inundó de gozo. No era el título de autora que ahora tenía lo que me causó tanta alegría y orgullo. Sino que era lo que la historia representaba, eran las vidas que podría tocar con cada palabra escrita en el, eran las lecciones que había aprendido durante el proceso de la publicación, era la satisfacción de haber obtenido un logro que nunca pensé que podría obtener y el carácter que había formado en el proceso.

"En Busca de Mi Padre" es el título de mi primer libro. El haber escrito este libro me ha abierto puertas, me ha dado credibilidad. La historia ha ayudado a traer restauración y reconciliación en miles de familias. Necesitaría todo un libro para contarte todos los beneficios que he obtenido por haberme convertido en autora, pero esa no es la razón por la cual te estoy contando esta historia. Han pasado casi 5 años desde que publiqué mi primer libro y durante este tiempo he expandido mi conocimiento sobre la industria de la publicación. Si alguien me hubiese enseñado lo que te voy a compartir a continuación me hubiese ahorrado años de ejecución y miles de dólares en la publicación. Pero creo firmemente que todas las experiencias nos sirven para algo. Creo que era parte de mi propósito de vida experimentar el proceso de la publicación de mi primer libro para poder guiar a otros autores. Y es por eso que estoy escribiendo este libro, para guiar a quienes estén listos para compartir su historia y experiencias y servir a los demás.

Pero no te desanimes, tú no tendrás que invertir un año y medio ni $13,000 dólares. Aun si no quieres convertirte en autor, podrás utilizar el proceso para que escribas un libro digital y compartas información sobre tu producto o programa.

Amazon es una de las tiendas digitales que venden más libros en el mundo. Además, Amazon tiene una plataforma para autores y así convertirte en un autor y publicar tu libro con Amazon. Para ello necesitas crear tu página de autor, y obtener el código de registro de tu libro, la inversión financiera no sobrepasa los $200 dólares.

El escribir un libro digital, o publicar un libro tiene varios propósitos. Creo que un líder experto tiene información valiosa que su cliente ideal necesita saber sobre su industria o producto. Las tácticas que te compartiré a continuación pueden ser utilizadas ya sea para escribir un libro digital que las personas pueden obtener en formato PDF, o para una publicación. En libro puede ser utilizado como una herramienta para obtener prospectos.

Tal vez no crees que estés listo para escribir un libro. Tal vez crees que no tienes tiempo para hacerlo o no sabes sobre qué tema escribir. Como te mencioné anteriormente, he estudiado una gran cantidad de procesos sobre la publicación de un libro y a continuación te comparto tácticas que utilice para escribir este libro.

1) Cuál es el tema del cual vas a escribir.

2) Cuáles son los resultados o beneficios que enseñaras a los lectores.

3) Cuáles son los problemas que tus lectores están atravesando.

4) Comparte testimonios sobre lo que estás enseñando. Puedes utilizar tus propios resultados como testimonio.

5) Comparte tu historia y tus retos. Las personas necesitan poder relacionarse contigo.

6) Comparte tus historias de los éxitos que has obtenido.

7) Comparte la solución y los pasos que tus lectores necesitan seguir para obtener los resultados que buscan.

8) Cuál es el primer paso que necesitan tomar.

9) Cuáles son los retos que enfrentan y cómo sobrepasarlos.

10) Haz una lista de las 10 preguntas más frecuentes sobre tu industria o producto y contéstalas en los capítulos finales.

"Un autor es alguien que escribe y comparte su mensaje con el público. Si tú has enviado un correo electrónico, o escribes en páginas de redes sociales, entonces eres un autor"

~María G Erazo-Luna

-Procesos de creación de programas

Bien, una vez que tienes tu libro escrito, puedes utilizar el contenido del libro para crear programas para llevar tu mensaje a tu cliente ideal. Este libro que estás leyendo fue la guía que utilice para crear un entrenamiento de 2 días que imparto a emprendedores que quieren descubrir su marca empresarial y convertirse en autores. El entrenamiento fue grabado y utilice los videos para crear una academia digital en la cual los miembros pueden tener acceso a la plataforma cuando ellos quieran. Estos videos del entrenamiento los convertiré en una programa de Dvd's y CD's que podrán ser comprados en mi página web, en futuros eventos, etc.

Como te puedes dar cuenta, el libro es el primer paso para organizar tu información y puedas crear programas que tu cliente pueda consumir de la manera más apropiada. Este proceso puede ser utilizado por la mayoría de las industrias. En nuestra academia estamos agregando continuamente programas y entrenamientos que nuestros clientes nos piden. El secreto es crear el primer programa, entregarlos de la mejor manera posible, crear resultados primeramente para ti y para tus clientes. No cometas el error que cometemos miles de expertos, el error es que creemos que es necesario que tengamos todos los detalles e información sobre nuestro tema antes de llevarlo nuestro cliente ideal. Una vez que comienzas el mismo cliente te irá pidiendo lo que necesita.

Permíteme explicarte la diferencia entre pasiones y actividades: no todas las pasiones o actividades tienen el mismo potencial de ser monetizadas. Por ejemplo, a mí me fascina cantar, disfruto mucho la música, me encanta leer, bailar, viajar, y practicar deportes al aire libre. Tengo experiencia en ventas, negociaciones, formación de equipos, mercadeo, negocios, formación de identidad empresarial y cómo convertirse en autor. He recibido reconocimientos, premios y compensación económica en el área de mis experiencias profesionales. De todas las pasiones y experiencias de esta lista, tengo probabilidades mayores de generar ingresos y hacer un mayor impacto enseñando a otras estrategias de cómo obtener éxito compartiéndoles mis experiencias profesionales.

Desde pequeña fui buena negociante. Mis amigos y familiares dicen que soy tan buena vendedora que podría vender hielo a los esquimales. Se me facilita hacer negociaciones. Sin darme cuenta, siempre estoy negociando con todos, hasta con mis hijos. Hay una frase que dice que no vendemos lo que tenemos, sino lo que sabemos negociar. Yo te puedo asegurar que esto es verdad.

Las personas no te pagan por tus pasiones, te pagan por lecciones, experiencias, o la información que ellos puedan implementar para mejorar sus vidas. La gente quiere tener éxito financiero, obtener resultados, ser felices, mejorar su salud, o dejar de sufrir. Si con lo que a ti te apasiona hacer, con tus experiencias únicas, habilidades, y estrategias puedes ayudar a las personas a obtener lo que quieren, entonces puedes posicionarte como un líder experto y recibir recompensa por ello a través de convertirte en autor, conferencista, entrenador, consultor o vendedor.

El próximo paso es hacer un análisis de tus inteligencias, habilidades, talentos, y experiencias únicas. Este proceso te ayudará a puedan ayudar a encontrar cuáles pasiones puedes convertir en sistemas que podrás monetizar.

¿Y qué puedes hacer si no crees que cuenten con estrategias ni pasiones que puedan ser monetizadas?

Si aún no cuentas con la experiencia o conocimientos sobre información por la cual te pagarías los demás, puedes aprender algo que se te facilita. Al aplicarte un examen de inteligencias, descubrirás cuales son las actividades que más se te felicitan realizar. En el mercado existe una infinidad de autoanálisis que te puedes ayudar a identificar tus inteligencias.

La otra manera de identificar tus inteligencias si no encuentras un auto análisis en el mercado, es preguntándole a tus seres queridos más cercanos sobre en qué creen ellos que tu eres bueno. Asegúrate que la persona a quien pidas su opinión sobre este tema sea alguien que sea honesto y que te conozca.

Una vez que hayas identificado las actividades que se te facilitas realizar. O el área en la que te gustaría desenvolverse. Puedes comenzar por entrevistar a personas que sean expertos o hayan obtenido éxito en esa área. Con su autorización puedes grabar la entrevista y esta entrevista la puedes convertir en un libro, un Cd, puedes crear un sistema para enseñar a otros los pasos que aprendiste de los expertos. Mientras estas aprendiendo y enseñando a otros podrás desarrollar tus propios sistemas y procesos, con tu propia personalidad. La clave es no esperar para iniciarte como líder experto hasta que sepas absolutamente todo sobre tu tema.

¿Cómo aprenden los niños? ellos lo hacen modelando a los demás. Hablamos el mismo idioma de nuestros padres, comemos lo que ellos comen, y vestimos como lo hacen las personas en nuestro clan.

Todo se puede aprender, te tomará tiempo para que llegar a ser experto, o tener suficientes conocimientos en cualquier tema, mientras tanto, puedes utilizar las experiencias y los conocimientos de otros.

Si quieres aprender computación, y te llama mucho la atención desarrollar páginas web. O el funcionamiento de las redes sociales. Puedes aprender cómo utilizarlas y después puedes enseñar a otros, o puedes desarrollar páginas web para otros. Al obtener los suficientes conocimientos sobre esta área.

Casi para cualquier área de la vida, habrá algún mercado que necesite de tu servicio, estrategias, y te pueden pagar por ello.

Paso 3

Persuasión Sin Esfuerzo

"Guía para agregar valor"

Las personas no compramos productos, compramos beneficios. Compramos una solución para mejorar nuestra vida. Una persona no compra una póliza de seguro de vida por la única razón de que el plan está barato, o porque viene en un folder lujoso.

Las personas compran un plan de vida porque quieren evitar una catástrofe financiera a sus seres amados en caso de que el proveedor financiero sufra una muerte prematura. Como agente de seguros esto es lo que vendo a los clientes: un plan en contra de catástrofes financieras. Es importante tener esto en mente ya que al momento de crear tu programa, servicio o producto, necesitas tomar en cuenta cual es el valor que estarás entregando a tus clientes. Si estas vendiendo un producto por un precio más alto a su valor estarás creando sentimientos de culpa en ti, y las personas sentirán tu energía.

En la industria de seguros utilizamos un proceso que puede ser modelado en cualquier otra industria para identificar las necesidades de los clientes. Este proceso es el más importante antes de vender cualquier servicio o producto ya que te permite identificar si el prospecto necesita tu producto o servicio. El problema número 1 en la industria de ventas es que nos enfocamos en vender y obtener contratos sin saber si realmente tu servicio o producto es adecuado para el prospecto.

Las siguientes preguntas ayudan a identificar cómo podemos agregar valor con nuestro servicio o producto a los prospectos:

1. Información personal del prospecto que incluya nombre completo, estado civil, dirección, estado civil, teléfono y correo electrónico.
2. Razones principales por las cuales está interesado en saber más sobre tu servicio o producto.
3. Metas que quiere cumplir y cómo puede tu servicio o producto apoyar para obtenerlas.
4. La razón del porqué aún no ha obtenido sus metas.

5. Nivel de compromiso hacia el cumplimiento de sus metas.

6. ¿Si tu producto o servicio cumple con los requisitos para que cumpla sus metas, que otro factor podría impedirle que trabaje contigo?

7. ¿Hay alguna otra persona que necesitara consultar antes de trabajar contigo? Esto es importante saber ya que en el caso de que necesite consultar con otra persona antes de tomar una decisión podrás hacer una cita con todas las personas involucradas antes de hacer tu presentación, de esta manera no perderás tu tiempo haciendo dos presentaciones.

8. ¿Cuando está listo para iniciar el programa contigo o comprar tu producto?

9. ¿Cuál es el presupuesto que tiene para obtener tu programa o producto?

10. ¿Cuáles son las creencias, dudas o temores que le impedirían trabajar contigo?

11. ¿Qué es lo que el prospecto valora?

"Proceso para generar prospectos"

Uno de los mayores retos para los emprendedores es generar prospectos, especialmente al inicio. Mi inicio en el mundo de ventas fue haciendo llamadas frías (cold-calls) a prospectos enlistados en el libro de páginas amarillas. Llame a todas las personas con apellido hispano por orden alfabético. Esto fue antes de que pasara la ley de protección "Do not call" que protege a los consumidores de recibir llamadas de solicitación no autorizadas. El proceso que utilizaba era simple y extremadamente efectivo. Una vez que tenía a la persona que se encargaba de la toma de decisiones en la línea le ofrecía un estimado y un análisis de sus pólizas gratuito y sin compromiso. Les prometimos que si nuestra agencia no les podía ofrecer un mejor precio y cobertura, por lo menos podríamos hacer un análisis de sus pólizas para ver si tenían suficiente coberturas para sus activos y familia. Lo primero que hacía para poder ganar la confianza de las personas a las que llamaba era encontrar factores que tuviéramos en común. Al hablar el mismo idioma, comprender la dinámica de nuestra cultura, y apreciar nuestras similitudes incrementa las probabilidades de iniciar una relación de negocios. Es por esto que ganar la confianza de las personas es el primer y más importante paso.

Enseguida te comparto la lista de las maneras más efectivas que he utilizado por años para generar prospectos.

1. Haciendo llamadas frías a prospectos.

2. Pidiendo referidos a clientes existentes.

3. Involucrándose en organizaciones comunitarias, cámaras de comercio, festivales, iglesias, etc.

4. Creando relaciones empresariales con líderes influénciales comunitarios tales como abogados, contadores públicos, profesores, políticos, dueños de empresas, etc.

5. Posicionar tu marca en las redes sociales y entablar comunicación continua.

6. Impartiendo charlas, conferencias.

7. Escribiendo y publicando blogs.

8. Grabando videos y publicarlos en las redes sociales. Las personas quieren escuchar tu voz y conocerte antes de trabajar contigo.

9. Involucrándose como voluntario en organizaciones locales.

"Psicología de las ventas"

Cuando inicie mi carrera en ventas hubiese querido tener la información que te compartiré en este capítulo. Mi vida hubiese sido menos complicada. Las siguientes confesiones son algunas de las creencias que impiden obtener resultados financieros.

"A mí no me gusta vender". "Yo no soy buen vendedor". "No quiero que mis amigos y familiares me miren como a un vendedor". "No quiero sonar como un vendedor de autos usados". "No quiero que me vean como intruso". "No le quiero hacer perder su tiempo a nadie". Estas son algunos de los mensajes internos que nos impiden obtener contratos o vender productos. Permíteme darte una perspectiva poderosa de lo que es una venta. Una venta es simplemente un intercambio de dinero por un producto o servicio. Una venta es hecha con un proceso. Es algo que haces con tu cliente y no a tu cliente. Lo más importante es que tienes que creer en tu producto o servicio. Tienes que estar apasionado por lo que estás vendiendo. Debes de estar confiado y cómodo con el precio que estás exigiendo a cambio de tu producto o servicio. Las personas pueden leer tu energía, y el nivel de tu energía determina el éxito de la venta.

Al final de cuentas todos somos vendedores. Todos estamos vendiendo y comprando algo en todo momento, solo que no le llamamos venta. Cuando le propusiste matrimonio a tu cónyuge hiciste una venta, le vendiste la idea de compartir sus vidas juntas.

En mi caso inicié mi carrera como vendedora a los 11 años vendiendo chicles y tortillas en la calle. Mi segundo trabajo de vendedora fue como telemarketer a los 21 años. A través de mi carrera he vendido desde chicles, tortillas, pastillas, productos de belleza, contratos de seguro, programas de coaching, etc. El proceso que te compartiré son estrategias que puedes ser utilizada por cualquier persona para vender cualquier producto o servicio. Como líder experto es importante que aprendas cómo vender tus servicios ya que puedes tener el mejor servicio o programa, pero si no los sabes vender no tendrás clientes.

El primer paso es saber crear una buena relación entre el prospecto y tú.

El segundo es hacer preguntas para identificar detalles sobre tu prospecto.

El tercero es identificar las necesidades, retos y problemas de tu prospecto y que pueden ser suplidas con tu servicio producto. En este paso si aún no has identificado una necesidad, reto o problema en tu prospecto que tu producto o servicio no puede resolver, aquí es donde detienes el proceso. No hay nada peor que vender algo a alguien que no lo necesita.

El paso cuatro es crear un vínculo entre la necesidad de tu cliente y tu servicio o producto.

El paso cinco es preguntar por la venta. Toda venta existe en la mente.

Paso 4

Protocolo de Servicio al Consumidor

"Comprendiendo las personalidades"

El proceso que compartiré en este capítulo no es con el propósito de generalizar y meter en un cuadro a las personas. Es más bien con el propósito aprender a apreciar la personalidad de los demás y comunicarnos con ellos de acuerdo a su personalidad y no a la nuestra. Esto involucra la velocidad en la que hablamos, el movimiento y posición de nuestro cuerpo, el tono de voz, y expresiones faciales. El saber modelar a las personas de manera genuina puede hacer la diferencia entre generar una venta, ganar un contrato o no. Imagina que entras a una oficina y la recepcionista es una persona seria, no sonríe, está sentada de manera encorvada, y te habla en un tono lento. En cambio tú eres una persona energética, sonríes constantemente y eres alegre. De inmediato te sentirás incómodo con esta persona y te limitaste a procesar tu transacción para después salir corriendo de ahí. Como líderes expertos es nuestro deber y obligación saber cómo conectarnos con los demás y ganar su confianza. Te recomiendo leer libros sobre las personalidades para que aprendas cómo conectarse con las personas. Otra herramienta poderosa que podemos utilizar para conectar con los demás es el lenguaje corporal. Recuerda que entre más cosas tengas en común con las personas, más éxito tendrás en tus relaciones personales y profesionales. Conectar con los demás es un arte y el que llega a dominarlo tiene mayores probabilidades de éxito.

Ciclo para mantener y nutrir al cliente

"Sistemas de archivo y manejo del cliente"

No importa el tamaño de tu empresa, necesitas contar con un sistema de relación de clientes. El sistema guardará la información y datos de tus clientes y prospectos. Podrás organizar y planificar las campañas de servicio, seguimiento y marketing para cada cuenta. Además de que esta es una manera de guardar y restringir la documentación y datos valiosos de tus clientes, esto es de alta prioridad para los negocios.

Los métodos de registro de clientes varían dependiendo del estilo y gusto de cada empresa. Ciertas industrias requieren que guardes los documentos físicos en archivos y los mantengas bajo llave. Puedes contratar un servicio de administración de clientes que funcione a través del sitio web. La manera más eficaz es utilizar sistemas de administración y registro electrónico, y escanear los documentos de tus clientes y prospectos. Asegúrate que el sistema de administración y registro de clientes tenga altos métodos de seguridad y respaldo de información, y que tenga una alta satisfacción de sus clientes existentes.

De preferencia busca sistemas de administración y registro que además de guardar datos y documentos, tenga la habilidad enviarte recordatorios con fechas importantes de tus clientes para que les envíes tarjetas, o les envíes promociones de eventos y productos en el futuro. Existen servicios de administración y registro que te permiten programar venta de productos, enviar correos electrónicos pre-programados, enviar tarjetas postales y muchas más ventajas.

El error más cometido por los empresarios es no tener sistemas de comunicación con sus clientes. Es más barato venderle a un cliente existente, que encontrar un cliente nuevo. Una vez que una persona compró algo en tu empresa, puedes convertirlo en un cliente continuo. Aprovecha la tecnología para nutrir tus conexiones.

Otro factor importante de un sistema de manejo clientes es poder crear reportes de las ventas, perdidas de clientes, y nuevos prospectos que entran a tu portafolio. Es vital que tengas sistemas para medir de tus resultados constantemente.

Paso 5

Mapa Para Posicionar Tú Marca Empresarial

"La lista del emprendedor"

Para obtener libertad financiera, es necesario que cuentes con un mapa de los recursos empresariales que necesitarás a lo largo de tu proyecto empresarial.

El primer paso es tener un servicio producto para vender al público. Decide si vas a procesar los pagos por tus servicios o productos bajo tu información personal, o bajo una entidad empresarial. Antes de hacer esto necesitas determinar el tipo de entidad de la empresa. Las cuatro entidades más comunes son; Corporación, sociedad, empresa individual o sociedad de responsabilidad limitada. Te recomiendo que busques la asesoría de un abogado o contador experto en creación de entidades empresariales para que te ayude a determinar cuál es la más apropiada para tu empresa.

El próximo paso es obtener un número de identificación fiscal para tu empresa. Visita la página http://www.irs.gov/Spanish para que aprendas todo sobre todos los requisitos de cómo obtener el número fiscal y toda la información sobre negocios.

Los próximos pasos son: registrar tu empresa con los departamentos de impuestos estatales y locales. Solicitar las licencias y permisos necesarios y determinar impuestos personales. Consulta con un contador profesional de impuestos para más asesoría sobre este tema.

Un error común que cometen los empresarios, es ser una persona con una mentalidad barata y pensar de esta manera: "No tengo dinero suficiente para pagarle a una abogado o a un contador, trabajaré "bajo agua" hasta que gane lo suficiente para legalizar mi empresa, prefiero ahorrarme el gasto de registrar mi empresa. Una vez que tu empresa esté registrada, y tienes el número de identificación de impuestos, puedes abrir una cuenta bancaria a nombre de la empresa. Existen muchos beneficios para los dueños de una empresa. Puedes deducir los gastos relacionados a la empresa, y hacer los contratos a nombre de la empresa en vez de a nombre del dueño. Estos gastos incluyen; los pagos del abogado, CPA, viajes de negocios, tarjetas de presentación, fotografías, arte y diseño y muchos otros. Visita la página del IRS para que aprendas más sobre este tema, y habla con tu preparador de impuestos.

Una empresa se abre para obtener ingresos, y es de esperarse que haya gastos. El preparador de impuestos es la persona que te va a estar asesorando y constantemente debes tener reuniones con él, puesto que te guiará en este proceso. Los dueños de empresas gozan de beneficios, pero también están monitoreados por el gobierno. Asesórate antes de tomar cualquier decisión que pueda afectar tu relación con la agencia de servicios internos.

Te recomiendo que compres un folder que puedas tener en tu vehículo, y otro en tu oficina para que guardes todos los recibos, contratos y registros relacionados con tu empresa. No esperes el final del año para buscar la documentación necesaria para la preparación de tus impuestos.

"Lista de construcción de un equipo, asesores y recursos"

Cuando nace una empresa es como cuando nace un bebé. Todos tienen opiniones sobre como debes manejarla. La realidad es que por lo general son muy pocas las personas que te darán la asesoría adecuada. A continuación te daré una lista de personas y lugares a los cuales puedes ir a pedir ayuda:

1- Con un experto dentro de la industria de tu mismo tipo de empresa. Especialmente personas que hayan tenido éxito dentro de tu industria, o que asesoren o profesionales que hayan tenido éxito dentro de esa industria.

2- A tus mentores, personas que no están conectadas contigo emocionalmente, es decir, personas que puedan analizar toda la situación desde afuera, que no vayan a darte opiniones simplemente porque estén buscando intereses personales. Estas necesitan ser personas a las que les importas, pero que no tengan esa conexión emocional contigo.

3- En las cámaras de comercio locales, u otras organizaciones que trabajan con negocios pequeños en tu comunidad.

4- Inversionistas que tengan experiencia dentro de tu mercado, quizás hay personas que cuentan con capital, pero no tienen las habilidades o conocimientos para iniciar una empresa, existe la posibilidad que esas personas pueden asociarse contigo.

Cuando abrí mi empresa de seguros, una de las primeras personas a las que acudí para asesorará, fue a uno de mis mentores que es fundador de una academia de asesoría a los pequeños negocios. Mi mentor me ayudó a hacer un análisis de mercado para detectar si había un nicho suficientemente amplio para que mi tipo de empresa.

Mientras mejor asesorado y preparado estés, tendrás más posibilidades de tener éxito en tu empresa. El temor se transmite cuando hablas con personas que no creen en el mercado en el que tú quieres trabajar, o no creen en el producto que tú quieres representar. Por esto, es importante no acudir a las personas equivocadas, ya que quizás son personas que tienen temor de emprender un negocio y te transmiten ese temor.

Recuerda que actuamos de acuerdo a las expectativas de nuestro clan, si miras a tu alrededor, y analizar qué cantidad de personas son exitosas empresarialmente, te darás cuenta que el porcentaje es muy bajo.

Una de mis filosofías es que voy con mi madre para pedir oración por mi vida. Con mis mentores para pedir una opinión honesta sobre mis resultados y metas. Con un contador para que me brinde asesoría sobre las finanzas y resultados de la empresa. Y con una persona exitosa en el ámbito de los negocios para que me pueda dar dirección empresarial. Las personas con quienes nos asociamos tienen influencia sobre nosotros y sobre nuestros resultados, lo queramos o no.

Una vez que abras tu empresa, o inicies un nuevo proyecto empresarial, envía una carta por correo firmada por ti, a tus círculos de influencias, este es un ejemplo de la carta: "Querido X te estoy enviando esta carta porque considero que eres una persona influyente dentro de nuestra comunidad, y quiero compartirte que abrí mi propia empresa en la cual ofrecemos X servicio o producto, nuestra visión en agregar valor y excelencia a nuestra comunidad." Quiero dejártelo saber ya que es muy importante que te enteraras porque te considero una persona muy valiosa en mi vida. "gracias por tu apoyo y estos son nuestros horarios de atención."

Atentamente, (tu nombre)

Esta es una manera en que las personas que tienen peso dentro de la comunidad piensen en ti cuando alguien les pregunte sobre un servicio, o producto relacionado con tu empresa y te los pueda referir, o introducir a nuevos prospectos.

Otros recursos…

Si tu empresa requiere que todos los contratos nuevos sean revisados para evitar demandas en el futuro, o que contestes preguntas sobre tu producto o servicio, la primer persona que necesitas contratar es a un representante de servicio al cliente. Los expertos vitales con que necesitas contar son: un preparador de impuestos que se especialice en trabajar con negocios, un abogado que sea experto en crear y establecer nuevos negocios, un agente de seguros, un asesor financiero, un representante de bienes y raíces y un representante bancario.

Crea una relación con los expertos ya que ellos son las personas que te asesoraran en caso de alguna demanda inesperada, y te mantendrán en reglas con el departamento de hacienda del gobierno. Aprovecha cada oportunidad que tengas para invitar a los miembros de tu equipo expertos a tomar un café. Durante la reunión, aprovecha para hacerles preguntas relacionadas a mi empresa.

"Proceso para descubrir tu cliente ideal"

Cuando un negocio o empresario no tiene definido quién es su cliente ideal, es decir, a quién venderá su servicio o producto, lo que ocurre es que desperdicia muchos recursos financieros, esfuerzos y espacio por no saber cómo llegar a su cliente ideal.

Cuando abrí mi empresa de seguros, no tenía identificado mi cliente ideal: mi "avatar." Mi único objetivo era abrir una empresa y vender pólizas de seguros a quienes lo necesitan, y a quienes pudieran pagar por la póliza. Lo que ocurrió fue que les vendimos pólizas a todas las personas que entraban por la puerta, pero muchas de esas personas cancelaron su póliza un mes después. Una cantidad alta de estas personas venían constantemente a la oficina a hacer muchos cambios, más del 50% de los clientes nuevos no generaban ingresos a la empresa, más bien les estaba costando mucho más dinero del que entraba a la agencia. Es decir, al estar sirviendo al cliente que no era nuestro cliente ideal, perdíamos los clientes ideales.

Durante los primeros 3 años, entraban diez nuevos clientes por la puerta de enfrente, y salían 4 por la puerta de atrás. Esto generó servicio al cliente excesivo, se necesitó contratar personal adicional para poder servir a todos los clientes, a pesar de todos los esfuerzo los ingresos de la empresa no crecían, y todo esto era porque no teníamos definido quién era nuestro cliente ideal.

Otra de las maneras para determinar nuestro mercado es buscar un nicho. Lo que ocurre al escoger un nicho en vez de un "avatar," es que cuando realizas tu mercadotecnia es como tirar espaguetis en la pared para ver cuántos se quedan pegados. Cuando te comunicas con un nicho tu mensaje no llega con claridad. Finalmente, terminas invirtiendo energías y recursos elevados para atraer nuevos clientes a tu empresa.

"Acelerando los resultados"

Estamos en tiempos en los que contamos con la tecnología, el internet, y las redes sociales y podemos obtener sus beneficios casi de una manera gratuita, y así llegar a nuestros clientes ideales. Para los pequeños negocios, los anuncios en las redes sociales pueden llegar a ser mucho más económicos y eficientes, que los anuncios en la televisión, o la radio.

Las empresas que generan millones de dólares en ventas, tienen más posibilidades económicas de invertir en anuncios de radio y televisión nacional. Las redes sociales coleccionan datos específicos de los suscriptores, estos datos son usados por las empresas para hacer campañas de promoción en Facebook, Twitter o LinkedIn utilizando edad, música que escuchan, libros que lees, películas que ven, estado civil, lenguaje. Etc. Aprender a utilizar las redes sociales es la mercadotecnia del futuro.

"Mapa medidor de logros"

Para medir tus resultados es recomendable tener un <u>plan de mercadeo</u> que incluya como mínimo los datos siguientes:

➢ Los resultados pronosticados generales de la empresa.

➢ El nombre de la empresa.

➢ La visión, misión y valores.

➢ Las mayores oportunidades de la empresa y del dueño.

➢ Las mayores debilidades de la empresa y el dueño.

➢ La promesa y proposición de la empresa al mercado (porque tu empresa es diferente a las demás en su misma industria).

➤ Los 10 resultados generales que la empresa obtendrá en los próximos 12 meses (¿qué productos o servicios ofrecerá? ¿Qué canales de promoción utilizaras?)

➤ Crear un plan de Marketing; Análisis de mercado diseño del logo, e imagen, precio del producto, satisfacción del cliente, atención y soporte al cliente, automatización de ventas, y alianzas estratégicas.

➤ Un túnel de promoción: los pasos que tomaras para promover el servicio y producto a través de los medios de internet y locales.

➤ Objetivos de ingresos (anuales) y una lista de los productos/servicios que ofrecerás. ¿Cuál será la fuente de ingresos de la empresa?

➤ Metas específicas trimestrales

➤ Recursos que necesitarás para obtener los objetivos (personal, tecnología, relaciones claves influyentes, etc.)

Las maneras más comunes de obtener el dinero son:

● *Primero,* mediante ahorros previos.
● *Segundo,* pidiendo un préstamo al banco.

- *Tercero,* buscar socios y personas que pongan el capital y tú el talento y luego se dividan un porcentaje de la empresa.

- *Cuarto,* buscando inversionistas que tomen el lugar del banco a los que puedas dar acciones o un porcentaje de tu empresa.

- *Quinto,* mediante programas estatales que están diseñados como iniciativas para abrir negocios. Estos programas pueden ser encontrados en organizaciones que se dedican a trabajar en la rehabilitación de la ciudad o los estados. Puedes informarte sobre este tipo de programas acudiendo a las cámaras de comercio, en organizaciones que sean sin fines lucrativos donde trabajen con programas de incubación en tu ciudad. También puedes buscar estos programas en Internet e incluso dentro de las organizaciones que manejan este tipo de programas. Estos son tan solo algunos de los lugares donde puedes comenzar tu búsqueda por obtener dinero.

Existen proyectos empresariales en los cuales no necesitas capital para iniciarlos, o la inversión inicial es baja, por ejemplo: redes de mercadeo, servicios que ofrecerás de diseño gráfico, etc....

Una vez que tu proyecto empresarial comience a generar ganancias, es importante que tengas muy claro cómo reinvertirás las ganancias para que la empresa siga creciendo. Si tienes un préstamo, una de las primeras prioridades del uso de las ganancias sería comenzar a pagar ese préstamo y especialmente si tienes intereses altos.

Determinar los sueldos apropiados para los empleados o subcontratistas es otro paso importante. Estos son algunos de los pasos para hacerlo:

➢ Asígnale un sueldo como si fueses un empleado. De esta manera tendrás un control sobre los gastos de la empresa. Podrás planificar la distribución de las ganancias con más facilidad.

Ejemplo; Si tienes una tienda y contratas a tu hijo de 14 años y le pagas $2000 solo porque es tu hijo, pero ese trabajo a alguien más le pagarías $500, entonces es una decisión que necesitas re-considerar para que tu negocio siga creciendo.

➢ Crear un fondo de ayuda a la comunidad, donaciones, a tu iglesia local u organizaciones a las que quieras apoyar. Crear una cuenta para cubrir eventos futuros para que el momento en que se presente una oportunidad de participar en eventos comunitarios.

"¿Cómo determinar el precio adecuado de tu producto o servicio?"

Haz un estudio en el mercado. Hazlo como si tú fueses a comprar el producto o servicio. Usa el internet para este análisis, o visita empresas locales que ofrecen servicios o productos similares.

Paso 6

Estrategia de Marketing Para Líderes Expertos

"Estrategias para formar parte de grupos en las redes sociales y el uso de tecnología"

En estos tiempos, una empresa que no tiene un sitio web, es una empresa obsoleta, es decir, que no existe. Una empresa que no tiene web está enviando muchos mensajes al público, le está diciendo: "No soy lo suficiente grande, no soy confiable, no quiero que sepas mucho de mí, mi producto y mi servicio no es tan bueno, etc..."

Cuando vas a comprar algo, ¿qué es lo primero que haces? Aunque vayas a ir a comprarlo a una empresa local, estudios demuestran que el 80% de las personas primero van al internet a investigar sobre el producto o empresa antes de ir a la tienda. Piensa en los últimos diez servicios que has contratado, o productos que has comprado ¿A dónde has ido para decidirte por ellos? El 80% va al internet, y el 20% por recomendación.

Para que el sitio web de tu empresa sea efectivo debe tener la opción capturar la información de los visitantes. Además necesitas tener servicios, productos o cupones que los visitantes puedan comprar o utilizar. Para que los visitantes estén más dispuestos a darte sus datos, puedes darles algo a cambio como una serie de videos con información valiosa o un libro electrónico que explique más sobre los beneficios de tu empresa o producto.

Tácticas para conectar con nuestro cliente ideal utilizando grupos en las redes sociales.

Tu perfil en las redes sociales es tu cartilla de presentación ante el mundo. Por esta razón es vital que inviertas el tiempo necesario creando y actualizando la información de tus perfiles en las páginas de redes sociales, una vez que completes tu perfil empresarial asegúrate de mantener congruencia en la información entre todas las páginas en las cuales te estás promoviendo. Para que el perfil sea efectivo necesita tener esta información.

- ¿Cuál es tu nombre profesional?
- ¿Cuál es tu código postal primario?
- ¿Cuál es tu tipo de negocio/ o industria?
- ¿Cuál es tu papel? ¿Qué te hace especial?
- ¿A quién sirves? ¿Cuál es tu especialización? ¡No tu título!
- ¿Qué te apasiona hacer?

Otras recomendaciones son: usar una foto profesional que vaya de acuerdo con tu ocupación. Busca grupos que tengan a tu cliente ideal y publica comentarios o blogs periódicamente. Comenta y da asesoría a los miembros de esos grupos.

Creando conexiones comunitarias…

Un líder empresario necesita saber cómo crear conexiones con personas nuevas constantemente. La manera más eficaz de hacerlo es interesándose sinceramente es los demás. Cuando te interesa la gente, te sentirás cómodo en casi cualquier tipo de reunión. Estudia libros de personalidades para que aprendas porque las personas actúan de manera diferente que tu. Si durante los primeros 30 segundos puedes reconocer el tipo de personalidad de una persona nueva, podrás pasar horas casi con cualquier persona. El crear conexiones se trata de aprender datos importantes sobre la otra persona, al ganarte su confianza te facilitará una venta. Cuando haces sentir especial a los demás, ellos te recordarán. Hay una frase que dice que las personas olvidan lo que les dices, pero no olvidan como los haces sentir.

Necesitas salir de tu zona de confort, sal de tu oficina y de tu casa para que puedas conocer personas nuevas, haz nuevas relaciones y obtén alianzas.

"Plan para crear testimonios poderosos"

Si tienes una página web, puedes grabar videos de testimonios de tus clientes para distribuirlos en tu página, en tu canal de Youtube y las redes sociales. Al compartir testimonios de tus clientes aumentan la credibilidad de tu negocio, y no solo eso, estás comunicándote con nuevos prospectos utilizando la tecnología. Cuando otra persona se expresa bien de tu servicio o producto, hace que la credibilidad confianza en tu empresa crezca.

Para que un testimonio sea eficaz necesitas tener esta información:

¿Cuál era la condición de tu cliente antes de trabajar contigo? ¿Cuál fue el proceso o producto que le ofreciste? ¿Cómo es su vida después de haber trabajado contigo o utilizado tu producto?

"Guía para crear una imagen y presentación alineada con tu marca empresarial"

¡Toma Acción masiva! Crea una imagen de vestimenta y lenguaje que utilizaras cuando estés promoviendo tu empresa en persona o en el internet. Utilizar la vestimenta adecuada incrementa la calidad de tu relación son tus clientes y prospectos. Imagina que vas a banco a abrir una cuenta y el oficial que te asiste este usando tenis, shorts, y camisa sin mangas. No importa que tan linda sea su ropa esta no es la manera que se visten los profesionales en esa industria. Las personas realizan un juicio sobre ti en los primeros 3 segundos de interacción contigo basado en la manera que estés vestido.

-Prepara un discurso elevador de 30 segundos

Por lo general cuando estás en una reunión social y conoces a alguien por primer vez únicamente tienes 30 segundos para decir quién eres y a qué te dedicas. Si has asistido a una reunión de una cámara de comercios tal vez has presenciado esto. Los asistentes se ponen de pie y dicen su nombre y que están buscando, de esta manera los demás asistentes se puedan conectar con ellos al final de la reunión. Además necesitas crear un discurso de 15 y otro de 30 minutos para que lo memorices y estés listo cuando te inviten a dar una presentación más profunda sobre tu empresa.

Paso 7

Maestría del Balance

"Tus eres el arquitecto de tu vida, si no la diseñas tú, alguien más lo hará por ti."

La falta de disciplina y energía nos impiden mantener el enfoque. La energía *física, mental, emocional y espiritual,* son vitales para la obtención de cualquier meta. Una persona enferma, cansada, dominada por la mentalidad de fracaso, y sin fe en sí mismo(a) ni en el creador del universo, es una persona destinada a fracasar.

Vivimos en una sociedad del resultado exprés. Solucionamos todo con cafeína y farmacéuticos. Es vital encontrar soluciones perdurables y sanas para obtener la energía, claridad y enfoque necesarios ya que esto determina el nivel de impacto que tendremos en las personas con quienes estemos negociando o ayudando.

Trabajar con gente desgasta tu energía. Como líder experto es tu responsabilidad mantener la energía en el nivel más alto posible ya que las personas pueden percibir los cambios en la energía ya sea que suba o baje. Es la responsabilidad del experto mantener el control de la energía y crear un ambiente donde de enfoque máximo.

Aprendí esta lección de la manera menos recomendable. El primer día que impartí mí primer entrenamiento de marca empresarial no supe manejar mi energía y esto causó que colapsara de cansancio al llegar a casa esa noche. Sentía como si un vehículo me hubiese pasado por encima. Esto me afectó no solo en mi estado físico, sino también en la falta de interacción que hubo entre los asistentes y yo. Aprendí las estrategias que próximamente te compartiré a continuación, y durante el pasado entrenamiento que impartí el aplique y la diferencia fue increíble. Durante ese día se sintió energía en el ambiente, se creó una sinergia entre los asistentes, entregue la información de manera más fluida.

¿Has estado en la presencia de personas que están bostezando, se miran cansados, y a los pocos minutos comienzas tú también a bostezar y te da sueño? ¿Por otro lado, te has encontrado cansado y llegas a la presencia de una persona que tiene energía alta y a los pocos minutos te sientes lleno de energía?

El aprender a manejar nuestra energía, enfoque y claridad podremos cerrar más ventas, crear un mayor impacto, influir en los demás y generar mayores resultados.

"Guía de resultados"

Tener planes organizados ofrece guía al subconsciente. A continuación te compartiré el proceso que he utilizado por años para obtener mis metas en las 7 áreas más importantes de mi vida: Salud-Espiritualidad-Familia-Finanzas-Crecimiento personal y empresarial-Adrenalina y Felicidad & contribución al mundo.

Planeación: Usare las finanzas como ejemplo.

➢ Tener una meta claramente definida de lo que se quiere obtener: "Quiero obtener 100,000 dólares a través de mi empresa".

➢ A cambio de estos 100,000 dólares prestaré mis servicios como diseñador de páginas web a negocios.

➤ Esta cantidad la obtendré para el 31 de Septiembre del 2015.

➤ Estos son los pasos que tomaré para obtener este dinero:

➤ Hacer un plan incluyendo una lista de las herramientas y recursos necesarios para realizar la meta indicada: (ejemplo) para diseñar páginas web necesito. Necesito este tipo de computadora_____ que venga con este programa especial de diseño_____ que compraré en _____ la inversión por el programa es de _____. Buscaré los clientes haciendo contactando esta cantidad de prospectos al día _____. El precio que cobraré por los diseños de páginas web son_____. Estos son los métodos de mercadeo que utilizare para mantener una relación con nuevos y clientes existentes_____. Estas son las actividades que puedo delegar_____. El tipo de persona necesito ser en cada momento para mantenerme enfocado en las actividades realmente importantes para mí y mi familia es_____.

Una vez que tengas la meta que quieres lograr, la cantidad específica que quieres generar, la fecha exacta para cuando la quieres lograr, y los pasos a tomar, haz una declaración que incluya toda la información. Imprímela y mantén una copia (al lado de tu cama, en tu habitación o en el lugar que tienes designado para meditar).

Lee en voz alta esta declaración por la mañana, y antes de irte a dormir. Esta es una manera de comunicar con total claridad a tu subconsciente lo que realmente quieres obtener. Si te das cuenta, la mayoría de las veces, las personas actuamos por impulso, por reacción y por costumbre. Es muy poco el tiempo que dedicamos para crear planes concretos, y comunicarnos con nuestro subconsciente.

Por lo general, sabemos que somos capaces de lograr más, de aportar más, de obtener más. Por eso asistimos a todo tipo de actividades, entrenamientos, clases, y programas creyendo que nos ayudarán a obtener nuestras metas. Al paso del tiempo nos damos cuenta que seguimos estancados, vacíos y confundidos.

"Fórmula eficaz de manejo de tiempo"

El tiempo es el recurso más valioso que tenemos. Cuando le decimos que si a una actividad, le estamos diciendo que no a todo lo demás. Asegúrate que la mayoría del tiempo estás invirtiéndolo en actividades que agregan valor a tu vida, y a las vida de las personas a quienes amas. Si no planificamos estratégicamente nuestro tiempo, alguien más hará por nosotros.

Existen miles de programas de manejo de tiempo. Uno de los programas más intensos y completos de manejo de tiempo que he tomado me tomó 10 horas escucharlo por completo, y otras 4 horas llenando la agenda que venía con el programa. El nivel de detalle y profundidad era tan intenso, que termine con náusea y dolor de cabeza.

He tomado pasos de todos los programas de manejo de tiempo que he estudiado, y estos son los que más me han ayudado a manejar mi tiempo de manera eficaz.

➢ Tener un plan de vida atractivo para las 7 áreas de mi vida; Salud-Espiritualidad-Familia-Finanzas-Crecimiento personal y empresarial-Adrenalina y Felicidad & contribución al mundo.
➢ Tener una visión de vida definida en lo que me convertiré.
➢ Tener claro cuál es mi propósito de vida.
➢ Tener una identidad clara: ¿Quién soy y en qué creo?

➤ Tener un código de conducta: El código de conducta es el que define mi manera de actuar ante cualquier situación.

➤ ¿Tener una lista de mis valores y principios de vida, que es lo más importante para mí?

➤ Hacer un plan a corto plazo (meses) a largo plazo (años).

A continuación te compartiré los pasos del sistema que utilizo para manejar mi tiempo:

➤ Utilizo 1 calendario para programar todos mis compromisos; empresariales, personales, viajes, clases y tiempo libre, meditación, lectura, ejercicio. El 90% de lo que hago está programado en mi calendario. Gobernar el tiempo de manera eficaz requiere poder responder a la pregunta ¿Cuál es la mejor manera de usar este minuto?

Ley de Parkinson

"Todo trabajo se dilata indefinidamente hasta ocupar todo el tiempo para su completa realización"

➤ Me aseguro de que mis actividades, y el uso de mi tiempo vaya de acuerdo a mis valores y principios. Uno de mis principios es terminar lo que comienzo. Por lo tanto, si alguien me pide que le ayude con algo digo que "NO" en la mayoría de los casos. Cuando es absolutamente necesario que ayude a alguien más, vuelvo a la actividad que deje comenzada en cuanto me desocupo con la persona, y no me detengo hasta terminar el proyecto. Las personas inseguras, sin un propósito definido, e indisciplinadas, le dicen que si a todos, siempre andan frustrados porque no se sienten productivos. Nunca tienen tiempo para lo más importante. Cuando alguien me pide que haga algo que no va de acuerdo a mis valores, y le digo que no puedo, por lo general me dicen que yo nunca tengo tiempo y que porque vivo demasiado ocupada, y tienen razón, siempre estoy "ocupada" en las actividades que son importantes para mí. Así sea ir al parque a caminar con el perro, pues esto es importante para mí. Todos tenemos 24 horas al día. La manera en que las ocupemos determina nuestros resultados y calidad de vida.

➢ No manejo mi tiempo desde la perspectiva de "balancear mis actividades para cubrir todas las áreas en un mismo día" Hay actividades que son indispensables diariamente tales como: hacer ejercicio, meditar y pasar tiempo o solas. Estas actividades me preparan para dar un máximo rendimiento, tener la energía y creatividad que necesito. Cuando me estoy preparando un entrenamiento empresarial, o tengo proyectos que requieren enfoque total, bloqueo tiempo adicional en mi calendario. De esta manera no recibo interrupciones.

➢ Cada noche reviso el calendario del día siguiente, me preparo mentalmente para el día siguiente, preparó mi ropa, y cualquier otro recurso que necesitare.

➢ Mantengo una libreta en mi bolsillo, y sobre mi escritorio, cuando se presenta una actividad la escribo en la libreta para no olvidarla, y en el momento adecuado la agrego en el calendario. De esta manera no la olvido y no me distraigo de lo que estoy haciendo.

➢ Manejo un "to do list" que diseño de esta manera al inicio del día:

Fecha:

_____

Las 3 actividades más importantes el día de hoy:

_____

Lista del resto de actividades para el día de hoy:

_____

Cuales actividades puedo delegar a otros:

_____

Quien necesito ser para mantenerme enfocada en las actividades más importantes:

_____

Que me puede causar desenfoque:

_____

Cuáles son las consecuencias si no termino las actividades más importantes hoy:

_____

Cuál será mi recompensa al final del día si termino todas mis actividades más importantes:

_____

Qué recursos necesito para realizar mis actividades:

_____

Para cuáles actividades necesito bloquear tiempo:

_____

Si no estás utilizando un sistema de manejo de tiempo, te animo a que lo hagas. Las ventajas de utilizar un sistema de manejo de tiempo son innumerables, te sentirás más productivo, feliz, enfocado. Vivirás cada día con propósito.

"Energía, enfoque Y claridad"

Estos son pasos que pueden ayudar a generar energía emocional, mental y física:

- El movimiento de nuestro cuerpo: Si estás deprimido y escuchas una canción alegre que te inspira y comienzas a bailar, en ese momento la depresión se va. No puede haber una persona deprimida que este bailando.

- A través de nuestros pensamientos: Si estás pensando en una persona a quien amas profundamente, no puedes estar deprimido en ese mismo instante. Por el contrario, si piensan en una persona desagradable, no puedes sentirte feliz en ese mismo instante. Cuando estamos realmente presentes nos podemos percatar que es lo que está dominando a nuestros pensamientos.

Cuando tomamos control total de nuestros pensamientos podemos controlar en lo que queremos pensar. Lo único que se requiere es autodisciplina, autocontrol y decisión. En todo momento tú decides en que quieres pensar. Nadie está poniendo una pistola en tu cien para obligarte a que pienses en personas y circunstancias negativas. La manera más rápida de hacer un chequeo de tus pensamiento es analizando tus estado anímico. Si te sientes feliz es porque estás pensando en las posibilidades que la vida tiene para ti, en alguien a quien amas, en las vacaciones que tomaras, en algo que te causa felicidad. Cuando te sientes triste es porque estás bajo la influencia del temor, rencor, confusión, imposibilidades, en lo que no tienes, y en todo aquello que causa el estado de impotencia.

- A través de autosugestión: La fe es creada a través de la autosugestión. Si te repites a ti mismo una y otra vez un mensaje entonces llegaras a creértelo. Piensa en las personas que se dicen a sí mismos "yo soy un genio." Estas personas por lo general crean ideas geniales y los demás los llegan a conocer como los genios. Por el contrario, piensa en la persona que siempre dice "yo soy torpe, todo lo arruino" te darás cuenta que estas personas siempre están dejando caer las cosas, se les descompone el carro, se les quema la comida y todo les sale mal. La autosugestión es el vehículo para influir a nuestro subconsciente. La mayoría de nuestras acciones son realizadas a través de nuestro subconsciente.

Nuestra realidad de vida es el resultado del estado de nuestro subconsciente. Por lo tanto, la parte con la cual necesitamos trabajar y mejorar es con las autosugestiones.

Necesitamos mejorar la comunicación que tenemos con nosotros mismos. Con los mensajes que nos estamos diciendo a nosotros mismos.

"Nuestros resultados en el presente son el resultado de las autosugestiones de nuestro pasado." ~María G. Luna

- El estado espiritual: el tener una identidad clara sobre quién eres. Tienes un nombre y apellido que te identifica. Tienes un título, carrera u ocupación que te permite generar ingresos y es una manera en cómo comunicas a los demás lo que haces. Naciste en un país, bajo una cultura, aprendiste la lengua que se habla en ese país, pero todos estos factores no indican quién eres. Eres un espíritu teniendo una experiencia humana. El espíritu que posa dentro de ti es el que te mantiene vivo. Es él quien mantiene tu corazón palpitando, el aire fluyendo por todo tu cuerpo, el que te sana a través de tu sistema inmunológico. Eres un ser poderoso, extraordinario, sin límites, creativo, libre, eterno, eres amor, eres "Poderoso." Cuando te conectas con tu verdadero ser, eres capaz de crear, amar, y convertirte en lo que tú quieres ser. Puedes llegar a ser un empresario poderoso o un cantante extraordinario cuando el verdadero 'TU" no se detiene ante el temor, la crítica ni la duda. El verdadero "TU" sabe que cualquier obstáculo puede ser eliminado y usado para fortalecerlo. El verdadero "TU" no espera que nadie le de permiso de ser grande, de tomar acción masiva, de ir al gimnasio, de bailar, comer sano, emprender empresas, crear productos.

"Guía para crear tu estilo de vida"

Tenemos más información de la que necesitamos. Con oprimir un botón en nuestro teléfono o computadora podemos tener acceso a cualquier tema que queramos estudiar. No es información la que nos hace falta. Lo que hace falta es tener una identidad empresarial clara y definida. Necesitamos metas específicas, y un "porqué" que nos motiven a actuar. Nos falta la aplicación de la planeación, y la práctica de la autogestión positiva. Nos falta un plan de acción que contenga pasos definidos a seguir.

Un atleta no simplemente dice: "Algún día quiero competir en las olimpiadas." Para lograrlo debe ir a correr lo más que pueda. Para ganar, el atleta se propondrá metas de la siguiente manera, "Cuidare mi alimentación, tomare más agua, eliminare el alcohol y el cigarrillo de mi vida, confiare que alguien descubrirá mi talento y me invite a participar en las olimpiadas y así algún día seré campeón del mundo".

Un atleta forma planes claros y específicos de lo que quiere y esto con fechas concretas. El atleta tiene claro quien tiene que hacer en todo momento. Luego implementa el plan todos los días, practica aun cuando no tiene ganas de hacerlo aunque su práctica sea bajo la lluvia.

Es la falta de disciplina lo que impide que obtengamos lo que queremos. Es la falta de Fe en la obtención de nuestras metas. Y la falta de fe es por la falta de autosugestiones positivas. La falta de autosugestiones positivas es por la falta de un plan específico, por no saber lo que realmente queremos.

La ausencia de un plan definido es por la falta de creencia en nosotros mismos. Esto se debe al temor y la programación destructiva que guardamos en nuestro subconsciente. Disfruta el presente, prepárate para el futuro, expande tu visión, sueña y crea planes para que atraigas los recursos, personas, mentores, maestros y circunstancias que te ayudarán a obtener tus metas y ayudes a los demás a hacer lo mismo.

La verdadera dicha la encontramos cuando nos esforzamos y hacemos los que nos gusta; no por obligación, sino porque decidimos hacerlo. Comprométete a ser mejor que ayer. Si cada día haces esto nunca dejaras de crecer. No eres un árbol, te puedes mover, ir, crear, imaginar, soñar, planificar, tomar acción.

En todo momento estamos decidiendo. Decidimos ir o no. Decidimos lo que comemos, si hacemos ejercicio o no, si nos bañamos o no, si hacemos nuestra cama o no, etc. Nadie te obliga a nada. Esta es la peor historia que podemos usar. Al menos que tengas una pistola apuntando a tu cabeza nadie te puede obligar a nada. Las historias y excusas que utilizamos es lo que nos impide tomar acción. Los niños utilizan estas estrategias todo el tiempo, vienen a nosotros quejándose de los que "sus hermanos" les obligaron a hacer. Lo triste es que crecemos culpando a los demás por nuestra falta de compromiso. Lo que forma nuestra realidad es la información que entramos a nuestra mente. No es el ambiente en el que crecimos, los padres que tenemos, la ciudad o país en el que nacemos. Si analizas tu condición actual y analizas cómo llegaste ahí, ya sea que estés feliz con los resultados o no, te darás cuenta que fueron "tus decisiones" las que te llevaron hasta ahí. Piensa en una familia que tenga más de un hijo donde uno de ellos llega a ser exitoso en todas las áreas de su vida, es feliz, siempre es positivo a pesar de las adversidades que se le presentan. En cambio el otro siempre está enfermo, en problemas de todo tipo, sin dinero, enojado con su padres y todos a su alrededor, este culpa a todos por sus problemas. La diferencia está en que cada uno tomó decisiones diferentes. Uno está comprometido con ser exitoso, y el otro está comprometido a hacer que los demás se sientan tan miserables como él.

Entiendo que a todos nos ocurren tragedias que causan heridas profundas. Todos hemos sufrido de alguna u otra manera. Pero el grado de dolor no debe determinar nuestros resultados en la vida. Si esto fuera así el mundo estuviera lleno de personas fracasadas ya que todos estamos expuestos al dolor. El secreto radica en cómo reaccionamos ante lo que nos ocurre. Nuestros pensamientos determinan con qué nos comprometemos.

Las personas a tu alrededor te dan sugerencias, pero eres tú quien finalmente decides que hacer con ellas. Si quieres resultados espectaculares, comprométete a leer la mejor información, comer la mejor comida que nutra, comida de la naturaleza que contenga agua, que además te purifique y te de energía. Aprende a modelar a personas que tengas resultados espectaculares. Asegúrate que la mayoría de lo lees, ves, escuches y hables sea información positiva. Comprométete en todo momento con tu visión y misión de vida.

No vendrá un ángel en las nubes a darte permiso de triunfar. Ya tienes el permiso de triunfar, únicamente necesitas comprometerte a hacerlo. Si esperas a estar motivado para poder tomar acción y comprometerse, esto no ocurrirá. El compromiso nos lleva a la acción. La acción nos da los resultados. Los resultados nos inyectan entusiasmo.

Comprométete a ser un líder que deje legado a la humanidad. A crear una brecha por la cual tus futuras generaciones puedan pasar. Piensa en quiénes serán quienes paguen las consecuencias por tu falta de compromiso. Y luego piensa en los beneficios y satisfacción que obtendrás si te comprometes a ser extraordinario.

Mitos:

La elección es el primer paso. Elige triunfar; elige disfrutar lo que haces. Elige escuchar a tu corazón y triunfaras. Elige convertir las situaciones desagradables en agradables.

Utiliza la analogía del mono en la selva. No sueltes lo que tienes en una mano antes de brincar a tomar algo nuevo con la otra. Tal vez esta idea te parezca contradictoria a la sugerencia de quemar todos los puentes detrás de ti para que puedas enfocar todas tus energías en el nuevo proyecto e incrementen las posibilidades de éxito.

Mirémoslo de esta manera: el quemar los puentes detrás de ti se refiere a una decisión mental. Es decir, cuando nos determinamos a iniciar un camino debemos hacerlo comprometidos a seguir adelante hasta lograrlo y no decirnos; bueno, si esto no funciona por lo menos tengo mi empleo actual. La analogía del mono en la selva se refiere que utilicemos los recursos que tenemos en una mano para que nos sustente mientras trabajamos arduamente en el desarrollo de nuestra nueva empresa. Los recursos actuales tales como el empleo los podemos utilizar como un trampolín, un campo de entrenamiento, preparación y paz mental que nos ayudará durante el proceso hacia la nueva jornada. Especialmente si tu familia depende financieramente de ti, no es sabio soltar todo lo que tienes en tus manos ahora para aventuras hacia tu nueva jornada.

Si llegaste al final de este libro significa que estás comprometido con servir al mundo con tus talentos y habilidades. Te felicito ya que eso demuestra que eres parte del porcentaje mínimo que está dispuesto a cumplir con su propósito y jugar su papel mayor. Recuerda que nadie jugara tu papel, nadie hará tu parte, es tu responsabilidad utilizar tus talentos y habilidades únicas para servir y dejar un legado en este mundo.

Sobre la Autora

Nacida en Michoacán México, vino a Estados Unidos a los 15 años de edad a reunirse con su madre quien vivía en California. Actualmente vive en Michigan junto a su familia. María Erazo en fundadora de la Academia de marca empresarial – Entrena a los empresarios latinos a identificar su identidad de marca personal y convertirse en autores. Ayuda a los propietarios de negocios latinos a desarrollar una marca irresistible - y atraer el cliente ideal - mediante la implementación de su proceso propietario de 7 pasos llamado, "Tu Historia Es Tu Marca." La academia de marca empresarial lleva a cabo un entrenamiento intensivo de 2 días en vivo. María proporciona un programa de coaching empresarial uno-a-uno para los empresario que están listos para incrementar su nivel de vida! Los entrenamientos se centran en: la creación de estructuras empresariales eficientes, lanzamiento y posicionamiento de marcas, aumentar las ventas, entrenamiento de marketing digital, utilización de LinkedIn avanzado, desarrollo de mentalidad emprendedora, trabajo en equipo, y convertirse en autores.

María es fundadora de la Agencia de Erazo Farmers Insurance localizada en Grand Rapids Michigan, tiene más de 15 años de experiencia en la industria de seguros.

Espero que al haber leído este libro, tengas la información necesaria para completar tu plan de vida personal y empresarial. Es importante, sin embargo, que puedas utilizar al máximo las técnicas que contiene este libro y por eso te voy a recomendar el próximo paso. El Entrenamiento Digital que contiene videos y guías prácticas que paso a paso te ayudarán a descubrir tu marca empresarial, convertirte en autor y obtener libertad financiera utilizando tus habilidades y experiencias únicas en tan solo 90 días! Para más información de los entrenamientos que ofrezco, simplemente visita mi sitio en www.creatumarcaempresarial.com

¡O también llamando al 1-800-279-9080!

Gracias por todo,

María

www.ingramcontent.com/pod-product-compliance
Lightning Source LLC
Chambersburg PA
CBHW060635210326
41520CB00010B/1617